NOVENA
de Santa Teresinha
do Menino Jesus

por

Frei João José

Petrópolis

© 1968, Editora Vozes Ltda.
Rua Frei Luís, 100
25689-900 Petrópolis, RJ
www.vozes.com.br
Brasil

31ª edição, 2014.

1ª reimpressão, 2024.

Todos os direitos reservados. Nenhuma parte desta obra poderá ser reproduzida ou transmitida por qualquer forma e/ou quaisquer meios (eletrônico ou mecânico, incluindo fotocópia e gravação) ou arquivada em qualquer sistema ou banco de dados sem permissão escrita da editora.

IMPRIMATUR
Por comissão especial do Exmo. e Revmo. Sr. Dom Manoel Pedro da Cunha Cintra, Bispo de Petrópolis. Frei Bruno Fuchs, O.F.M. Petrópolis, 4-6-1968.

CONSELHO EDITORIAL	**PRODUÇÃO EDITORIAL**
Diretor	Aline L.R. de Barros
Volney J. Berkenbrock	Marcelo Telles
	Mirela de Oliveira
Editores	Otaviano M. Cunha
Aline dos Santos Carneiro	Rafael de Oliveira
Edrian Josué Pasini	Samuel Rezende
Marilac Loraine Oleniki	Vanessa Luz
Welder Lancieri Marchini	Verônica M. Guedes
Conselheiros	**Conselho de projetos editoriais**
Elói Dionísio Piva	Isabelle Theodora R.S. Martins
Francisco Morás	Luísa Ramos M. Lorenzi
Gilberto Gonçalves Garcia	Natália França
Ludovico Garmus	Priscilla A.F. Alves
Teobaldo Heidemann	
Secretário executivo	
Leonardo A.R.T. dos Santos	

Diagramação e capa: Sheilandre Desenv. Gráfico

ISBN 978-85-326-0248-0

Este livro foi composto e impresso pela Editora Vozes Ltda.

Santa Teresinha do Menino Jesus excitou novamente no mundo o espírito, genuinamente cristão, da simplicidade infantil, em que tanto se esmerou.

O seu exemplo tem atraído, nos últimos decênios, milhares de almas a trilhar este caminho da santidade, que é, reconhecidamente, o mais curto e sublime, ao mesmo tempo que viável a todos.

E o que à flor do Carmelo, em seu ardente zelo pela glória de Jesus, mais há de agradar e penhorar é ouvir as nossas súplicas, que lhe manifestem o nosso ardente desejo de imitá-la em sua candura.

De mais, pedir-lhe que nos alcance a graça de ser simples, é pedir-lhe tudo, porque é pedir-lhe a posse de Deus.

A este máximo favor devemos submeter todas as outras intenções que possamos ter e que durante uma novena desejarmos recomendar à sua intercessão junto de Jesus e Maria Santíssima com toda a confiança e simplicidade de nossa fé.

Para cada dia da novena

℣. Deus, in adiutorium meum intende.

℟. Domine, ad adiuvandum me festina.

Glória Patri... Alleluia.

Vinde, Espírito Santo, enchei os corações dos vossos fiéis e acendei neles o fogo do vosso amor!

(Seguem-se a leitura e oração de cada dia e no fim a seguinte súplica):

Santa Teresinha do Menino Jesus, que tanto poder tendes junto ao Coração de Jesus e que tanto vos comprazeis em derramar graças e favores celestes aos homens que lutam neste mundo, a vós recorremos cheios de confiança, depositando em vossas mãos todas as nossas intenções (principalmente...).

Que em tudo se cumpra a santíssima e amabilíssima vontade de nosso Deus e Senhor e que tudo redunde para sua maior glória. Amém.

Três Pai-nossos, Ave-Marias e Glória-ao--Pai.

Santa Teresinha, rogai por nós.

I
Como as crianças

Quem visse Jesus acariciando as criancinhas, notar-lhe-ia decerto no olhar e em todos os gestos a mais terna complacência.

Que elas se aconchegassem bem pertinho de seu peito!... Ele as amava tanto. Que ninguém as afastasse do seu Coração!... Ele sentia-se bem entre elas.

Como as crianças é que todos deviam ser: crianças, não no tamanho, mas na candura do modo de apreciar as coisas, na ingenuidade dos atos e palavras, na cordialidade simples do amor...

– Sede simples como as crianças, dizia Ele, mandando e quase suplicando aos seus apóstolos.

Longe todo fingimento, toda duplicidade, toda a mentira.

Longe toda a falsidade, todo espírito do mundo.

Mostrar-se aquilo que se é e ser-se aquilo que se aparenta e que se deve ser aos olhos de Deus.

Conservar os olhos fechados para a malícia e o coração aberto para a bondade.

Não conhecer, nem compreender o mal, por viver-se alheio a ele, numa atmosfera pura e cheia de vida e vigor.

Ter da criança a infantilidade cândida e ingênua que provém da inocência...

Eis a alma simples, dileta de Jesus!

*

* *

Santa Teresinha, que tendes trilhado e ensinado novamente aos homens o caminho real da simplicidade, eis-nos implorando confiadamente o vosso auxílio.

Por graça especialíssima do nosso Deus bendito, tendes compreendido o Evangelho e vos tendes conservado sempre criança bem junto de Jesus.

O mal, a malícia dos homens jamais se aproximou de vós... Não tínheis sentido para as trevas do pecado; porque em vossa inocência viveis em Deus, considerando todas as coisas à luz da realidade na Providência Divina.

Santa Teresinha, impetrai-nos de Jesus a inocência, dai-nos a vossa inocência, que tanto agrada ao divino Esposo das almas!

Fechai nossos olhos para o mal deste mundo. Abri nossos corações para amar o bem, para amar a todos sem fingimento, sem nuvens, sem condições...

Que nos mostremos sempre aquilo que somos e que sejamos sempre simples como as crianças, como vós mesma, diante do nosso Deus. Amém.

II
Como a seta

Emblema da retidão, a seta representa-nos ao vivo a alma simples, em que Jesus se compraz.

Ei-la que passa nos ares sem se desviar para a direita ou para a esquerda, apressando-se para alcançar a meta!

Das mãos de Deus Criador, como do arco, sai a alma humana, prendada da simplicidade, com um único fito, com um único alvo, aquele que foi visado pelo mesmo Deus, ao impulsioná-la na existência, e que não pode ser outro senão a glória e a posse dele próprio na eternidade.

Não se desvia para os lados...

Não para. . .

Voa pelos ares acima das contingências e misérias terrestres. Nada a detém; nada a estorva.

Rápido é o seu curso. Não perde o impulso recebido ao partir. Muitas vezes nem é percebida na vertiginosa derrota.

Seu único bem é: Meu alvo, meu Deus e meu tudo!

*

* *

Sobre a terra, querida Santa Teresinha, só procurastes a Deus na retidão e sinceridade do vosso coração simples e infantil.

Procurastes a Deus, voastes para Deus por cima de todas as coisas terrenas, pelo caminho mais reto, o caminho do amor repassado de confiança, e a Deus tendes chegado.

Brevíssima foi a vossa vida terrena, mas nesses breves dias, pela vossa vertiginosa carreira, vos tendes enchido de Deus, o que equivale a séculos de merecimento para o céu.

Santa Teresinha, também nós fomos criados por nosso Deus e para o nosso Deus.

Imitar-vos é o nosso grande anseio e a nossa súplica ardente.

Possamos como vós e com o vosso auxílio tender ao nosso Deus com toda a retidão de nossa alma, sem nos desviar nunca dele para ir atrás de qualquer criatura!

Possamos, pela intenção reta, renovada continuamente, encontrar e agradar sempre o nosso Deus, que nas almas de boa vontade põe as suas complacências!

Possamos alimentar sempre a doce certeza de, em breve, ir ver e glorificar o nosso Deus convosco no céu. Amém.

III
Como os anjos

Semelhante à criança e à seta, a alma, ornada de simplicidade, tem muitos traços comuns com os anjos.

Diz, pois, Jesus a seu respeito: Felizes os puros de coração, porque verão a Deus.

Como os anjos, a alma simples está sempre vendo a Deus, seu princípio e fim.

Vê o seu Deus nas criaturas que a cercam. Sobe a Deus dos acontecimentos que se vão desenrolando ao redor de si. Distingue ao longe o espírito do mundo. Divisa à distância o negror de qualquer ação pecaminosa em que Deus não está...

E, vendo a Deus, vive em Deus.

Vive com Deus familiarmente, formando a sua corte terrestre, assim como os anjos formam a sua corte celeste.

Vive na casa de Deus, como filha querida e abençoada desse Pai de misericórdia e bondade. Nada teme em sua posição de filha.

Deus nada lhe oculta, permitindo que saboreie a flux de todos os seus tesouros.

Jesus, como o Pai e o Espírito Santo, nela fixará sua mansão.

Bem dentro do próprio coração, a alma simples, alma angélica, trata candidamente com o seu Deus acerca dos seus interesses sempre comuns a ambos.

*
* *

Santa Teresinha, que neste mundo, ainda em vossa carne mortal, fostes semelhante aos anjos do céu pelo vosso olhar aguçado para as coisas de Deus, nós vos pedimos humildemente, ajudai-nos para que consigamos dominar pelo espírito o nosso corpo, de modo que espiritualizado seja todo o nosso viver sobre a terra.

Dai-nos um olhar sempre claro e lúcido para as coisas do céu.

Impetrai-nos do Coração santíssimo de Jesus um coração semelhante ao seu, todo cheio de Deus e do que se refere a Deus.

Santa Teresinha, dai-nos o vosso espírito, para que já neste mundo possamos viver com os anjos em doce familiaridade, assim como com os espíritos celestes devemos passar a nossa feliz eternidade. Que à Santíssima Trindade, que habitava em vosso coração neste mundo e que em nosso coração esperamos que habite, saibamos prestar sempre, como os anjos e como vós mesma, o culto da mais profunda adoração na simplicidade de nossa fé, na candura e audácia do nosso amor.

Amém.

IV
Como a luz

Junto do sol todos os seres se transformam em luz esplendorosa. De Deus a alma simples se aproxima, fulgindo na luz mais suave e clara.

No seu âmago Deus a ilumina e transfigura, à semelhança da eletricidade, numa lâmpada sem mancha.

É toda luz.

Luz é o seu modo de pensar, de sentir e de agir. Luz são suas palavras e expansões. Perpassado de luz afigura-se-nos o seu próprio corpo.

Pela alma simples em seu candor, Deus, a simplicidade incriada, revela-se ao mundo para iluminar o mundo cheio de nuvens e duplicidades.

No firmamento a Providência acendeu estrelas e astros para iluminar a terra. Entre os homens acendeu a esplêndida luz das almas simples para manifestar aos homens os seus arcanos de beleza e amor.

– Sede a luz do mundo – dizia o Salvador Divino –, sede a luz, colocada em lugar visível, sede luz para iluminar a todos.

E Ele chamava os seus de "filhos da luz", porque de si mesmo dizia em toda a verdade: Eu sou a luz do mundo.

*

* *

Santa Teresinha, em vós, durante a vida terrestre, verificou-se do modo mais perfeito a palavra de Jesus.

Ele vivia em vós e vós éreis luz esplendorosa para as vossas irmãs e para as vossas noviças.

Hoje no céu da Igreja continuais a resplandecer do modo mais brilhante pelas vossas virtudes heroicas praticadas neste mundo e pelo poder dos milagres que operais em toda parte. Com a vossa luz iluminais milhares de almas pelo mundo além e especialmente nas missões entre os infiéis.

Todos conhecem e louvam a vossa vida simples e oculta. Todos invejam santamente a vossa alma infantil cheia de luz, porque irradiante de amor de Deus.

Santa Teresinha, a vós recorremos em nossas trevas. Alcançai-nos, para nós, para a nossa pátria, as luzes do divino Espírito Santo, ... para que todo o nosso íntimo seja luz e claridade, para que nossa sociedade e a nossa pátria sejam sempre banhadas da luz celeste, para que recebam sempre os raios benéficos e esplêndidos de quem se apresentava ao mundo como a Luz celeste.

Amém.

V
Como a neve

Do céu a Providência faz cair suavemente a neve em sua incomparável alvura, tão leve que é sustentada pelas asas do vento.

Das alturas o mesmo Deus de infinita santidade e pureza envia à terra, quais blocos de neve puríssima, as almas simples e cândidas que se mantêm e se devem manter em regiões aéreas para não se contaminar no solo impuro.

Não, essas almas não nasceram nesta terra, nem podem viver muito tempo neste vale por demais quente e insalubre.

Como a neve que se desfaz ao tocar a terra, também as almas simples perdem a alvura e se esvaem facilmente ao roçar pelo que é terreno.

Do céu tiraram a sua origem e nas alturas devem pairar, tocadas de leve brisa.

Devem viver com os anjos e não com os homens, porque mais têm de angélicas que de humanas.

Não as toqueis...

Tão ternas e delicadas e puras, Deus as fez para si... para viverem no seu seio puríssimo... para respirarem numa atmosfera toda espiritual e celeste.

*

*   *

Santa Teresinha, que possuíeis uma alma toda pura, uma alma de neve, não podia a terra impura abrigar-vos por muito tempo.

Não éreis feita para este mundo. A delicadeza extrema de vossos sentimentos reclamava pelo céu.

Oh! desse céu em que hoje habitais e em que habitáveis sempre, mesmo quando o vosso corpo ainda era visto entre os homens... desse céu atraí-nos para o alto, atraí-nos para o candor da inocência, para os cumes e encantos da virtude; atraí-nos para longe deste mundo de pecados e de misérias.

Do seio do nosso Deus, o Coração santíssimo de Jesus, vossa mansão constante, atraí-nos para o nosso Deus, para o Coração do nosso Salvador divino.

Que com a vossa proteção e ao vosso exemplo possamos pairar sempre por cima do lodo deste mundo, livres do contágio do mal!

Em vós confiamos inteiramente, pois que por vós nosso Deus se compraz em favorecer maravilhosamente os pequeninos sobre a terra. Amém.

VI
Como as pombas

O olhar dos anjos, que se extasiam ante o Deus-Amor, aparece aos homens como o olhar da pomba, amoroso e terno, quando ela se põe a arrulhar em seus transportes.

A alma simples, que, como os anjos, vê o Deus amantíssimo e digníssimo de todo amor, prende-se toda a Ele e, sentindo-se longe desse oceano de belezas e de bondade, põe-se a suspirar de amor e de desejos.

E já não pode esconder a ternura do seu olhar.

Mesmo que fixe os olhos nas criaturas, conserva e deixa transparecer todo um céu de amor, de que em Deus se embebera.

Porque Deus é o amor.

Porque em Deus ela viu os seus irmãos, amigos e adversários, conhecidos e desconhecidos, e em Deus os ama a todos.

Alheia a todo fingimento, a todo vislumbre de ódio ou malquerença, a alma simples é como a pomba, toda caridade, caridade sincera e ingênua, caridade que não supõe o mal de ninguém, caridade que nunca se desmente, mesmo ante o abutre e o caçador cruel.

*

* *

Santa Teresinha, vós sois boa, imensamente boa com o vosso olhar de pomba, qual o tínheis sempre neste mundo para com todos que vos cercavam.

E todos confiavam em vós e eram como que forçados a vos querer bem.

Vós tínheis embebido muito profundamente esse vosso olhar no nosso Deus, que é a misericórdia, a bondade, o amor. E já não sabíeis olhar para as criaturas senão com a ternura, meiguice, indizível compaixão que havíeis visto no Coração de Jesus.

Oh! desse olhar de bondade nós hoje precisamos. Hoje mais que nunca. O mundo perverso nos desanima. Necessitamos de um olhar de amor que nos alente na prática da virtude. Que o vosso olhar de pomba penetre os nossos corações, transformando-os e inoculando-lhes a bondade e o amor de Deus e de nossos irmãos.

Vede como a humanidade vai desfalecendo à míngua de um amor verdadeiro, sincero e sobrenatural!

Derramai sobre nós, derramai sobre o clero, sobre os missionários e pregadores as vossas rosas de amor.

Que o amor regenere o mundo para a glória de quem nos amou até ao extremo. Amém.

VII
Como a água límpida

Junto à fonte límpida e fresca uma pombinha brilha aos raios do sol nascente.

Quem é mais bela, mais transparente, mais reconfortante?

A alma simples de pomba, em seus inefáveis encantos, supera da água a transparência e a frescura.

Diáfano é todo o ser.

De qualquer de suas ações podeis penetrar-lhe o íntimo, as intenções, os desejos...

Nada oculta, porque nada tem que ocultar, sendo como a água límpida que nada pode encobrir.

Reconfortante é o seu aspecto, refrigerante a sua convivência.

Onde quer que se mostre, é sorvida pelo olhar e pelo ouvido com inexprimível suavidade.

Junto dela as aflições se abrandam, as securas se desalteram, a alegria se expande e aumenta.

Nela espelha-se envergonhado o mundo malicioso e malvado e curva a cabeça.

Haverá talvez quem com desdenhoso sorriso a apode de simplória.

Mas, lá no fundo, a alma humana, em que sempre ainda restam ao menos resquícios do céu, alegra-se ao vê-la e a respeita.

*

* *

Santa Teresinha, permiti que nos alegremos sempre ao contemplar a vossa alma toda pura e transparente, toda suavidade e doçura.

Quão diversa é a nossa alma! Quão longe estamos da vossa sinceridade, lhaneza e inocência! Quanto necessitamos da vossa brandura, mansidão e suavidade realmente cristãs!

Oh! tocai a nossa alma com a vossa, para que a nossa se assemelhe à vossa.

Impetrai-nos a graça de ser simples e retos, de ser caridosos, afetuosos, bondosos com suavidade e energia.

Alcançai-nos a graça, para nós e todos os nossos conhecidos e amigos, de fugir sempre mais das águas turvas da duplicidade, malícia e fingimento. Possamos evitar sempre as águas mornas e salobras da indiferença, da insensibilidade, do pouco caso do nosso próximo.

Impetrai-nos, nós vos pedimos confiadamente, impetrai-nos de Jesus as águas da vida eterna, que Ele prometeu aos que procuram com simplicidade essas águas que podem vivificar nossas almas, dando-lhes o frescor da alegria, a transparência da paz, a doçura das consolações celestes.

Amém.

VIII
Como os cordeiros

No excesso do seu amor Deus dá ao mundo almas ingênuas e simples, assim como lhe dá os seus anjos para o guardar.

Mas essas almas, primores da criação, são suas, só e todas suas. São como cordeirinhos seus, destinados ao sacrifício para a sua glória.

Acende-lhes o Senhor o altar da imolação... Elevam-se para feri-las em interminável série uma após outra as labaredas de tribulações atrozes.

Mas elas são luz e são chamas de amor e, sendo chamas, não temem o fogo do sacrifício.

Conservam-se em paz.

Atingidas de dores e decepções, inalterável permanece a sua paciência, porque nunca perdem de vista o Deus providentíssimo que as vê e que as ama.

Duas chamas juntas irmanam-se e crescem... junto do fogo das tribulações o fogo do amor sempre mais se inflama e resplandece.

E a alma simples, em sua paciência, vai se tornando sempre mais bela aos olhos de Deus e dos homens, sempre mais perfeita no amor, assemelhando-se ao Cordeiro de Deus.

*

* *

Santa Teresinha, dileto cordeirinho do Menino Jesus, lembrai-vos que também nós fazemos parte do rebanho do nosso Redentor divino.

Mas quantas vezes nos assemelhamos bem pouco às suas ovelhas!, quantas vezes não sabemos sofrer nada e nos revoltamos na hora do sacrifício! Reconhecemos que ainda muito nos falta de verdadeira penitência, pela qual, como nos ensina o divino Mestre, possuiremos as nossas almas, como vós que vos possuíeis sempre.

Santa Teresinha, vós que vos tendes imolado sempre à glória do nosso Deus, unindo-vos a Jesus, a vítima divina, favorecei-nos hoje do céu com essa graça das graças, que acima de tudo ambicionamos: ser vítimas com Jesus do nosso Deus, ser um tudo e sempre conformados com a santíssima vontade de Deus. Fazei-nos amar com todas as fibras de nossa alma a vontade divina, submetendo-lhe do modo mais completo a nossa vontade.

Assisti-nos e confortai-nos na hora da imolação, para que vos imitemos sem protestos, sem murmurações, sem desejar outra coisa, e tendo em vista, como vós, a glória do nosso Deus, a tudo nos sujeitemos espontânea e alegremente. Amém.

IX
Como Jesus

Dizia o divino Salvador: – Eu vos dei o exemplo, para que façais como eu fiz.

E Ele quis nascer criancinha, considerou sempre seu alimento a vontade do seu Pai, revelou-se como Senhor dos anjos, luz do mundo, apascentando-se entre as almas-lírios; como amante dos filhos dos homens, prometeu as águas da vida eterna, sendo o Cordeiro de Deus.

Jesus é o exemplo consumado da alma simples em toda a sua formosura.

A alma simples deve ser como Jesus.

Deve ser Jesus.

De si nada tem de próprio.

Seus gestos e palavras nada têm de comum com os dos filhos de Adão.

Tudo o que vai na alma é um reflexo do céu.

É que já não é ela que vive. Jesus a absorveu e iluminou-lhe nova vida dos membros mortais.

É Ele, o "candor da luz eterna", que nela vive e se apraz em deixar transparecer, como no Tabor, alguns raios do seu esplendor.

Na alma simples tudo é novo, tudo é vida, tudo é Jesus clareando lúcida aurora do dia em que Deus manifestará a sua glória nas criaturas eleitas.

*

* *

Vosso exemplo, Jesus amantíssimo, também nós queremos seguir à risca com todas as veras de nossa alma. Permiti que em tudo nos adaptemos ao vosso Coração.

Oh! sim, Jesus, vivei em nós. Absorvei, oh! nós vos suplicamos humildemente, absorvei em nós a nossa vida efêmera e terrena. Extingui em nós os movimentos desregados do amor-próprio. Extingui a nossa sensualidade aviltante e apego ao que é abjeto e mundano.

Vinde a nós em vossa misericórdia. Uni-nos a Vós. Dai-nos a vida, que nos tendes prometido em vossa divina liberalidade.

Ó Vós que viestes tirar os pecados do mundo, permutai, nós vos ousamos pedir, permutai os nossos corações carnais e terrenos com o vosso Coração divino e todo espiritual.

Dai-nos a vossa inocência, justiça e santidade.

Mandai-nos o divino Espírito Santo que em nós renove todo o nosso ser, para que, regenerados, possamos ser agradáveis ao vosso Pai celeste.

Dai-nos a Virgem Santíssima, vossa Mãe bendita, para ser nosso guia, nosso amparo, nossa Mãe querida e dulcíssima esperança.

Dai-nos a Vós mesmo. Transformai-nos em Vós.

Tudo isso vos pedimos confiadamente pela vossa serva Santa Teresinha, em que sempre tendes vivido, transformando-a no prodígio que é do vosso poder e do vosso amor.

Amém.